LA CHAMBRE

DEVANT LE PAYS

PAR

JULES PHILIPPE

Ancien Préfet de la Haute-Savoie
Ancien député de l'arrondissement d'Annecy

Prix : 15 centimes.

ANNECY

LIBRAIRIE A L'HOSTE, PLACE NOTRE-DAME, I

1877

LA CHAMBRE

DEVANT LE PAYS

I

Les partis monarchiques coalisés qui, par l'action de leurs chefs, sont parvenus à faire proroger d'abord et ensuite dissoudre la Chambre des députés, ont élevé trois griefs principaux contre cette dernière.

Ils ont dit dans leurs journaux, dans leurs discours et leurs circulaires :

Que la majorité de la Chambre des députés n'avait pu se mettre d'accord avec aucun des ministères républicains formés depuis le mois de mars 1876 ;

Que cette majorité. nommée après avoir promis d'opérer un grand nombre de réformes politiques, administratives et judiciaires, n'avait rien fait d'utile ;

Que cette majorité enfin, voulait entrer dans une voie dangereuse aboutissant au triomphe du *radicalisme*.

Tels sont bien, en effet, les trois principaux reproches qu'on a adressés à la Chambre élue le 20 février 1876 et sur lesquels les partis hostiles à la République ont échafaudé leur plan d'attaque.

La nation, ou tout au moins la plus grande partie des citoyens français ne s'y est pas trompée. La nation avait constaté que cette majorité de la Chambre, aujourd'hui accusée de turbulence, d'exagération, de radicalisme, avait mené son existence jusqu'au 16 mai 1870, aussi tranquillement, aussi sagement que possible ; respectant rigoureusement le chef du pouvoir exécutif, dont elle avait spontanément élevé de 300,000 francs la dotation, et dont elle avait évité toujours avec soin de jeter le nom dans ses débats ; faisant en temps et lieu des concessions aux autres pouvoirs de l'Etat pour un bien de paix et pour assurer la tranquillité du pays. La nation avait constaté que, grâce à cette sage conduite, le calme s'était établi dans les esprits, que les affaires commerciales et industrielles avaient commencé à reprendre leur essor, qu'une meilleure destinée était enfin assurée à ce peuple généreux fatalement entraîné naguère dans de ruineuses et horribles luttes.

Oui, la nation avait constaté tout cela, et grande a été sa stupéfaction lorsqu'on est venu soutenir le contraire et agiter en pleine sécurité publique le spectre du *péril social*, ce spectre si souvent évoqué depuis 1871, que tout le monde cherche en vain à découvrir, qui n'existe qu'à l'état de vain épouvantail.

Mais, ainsi qu'on l'a dit et répété souvent, la calomnie laisse toujours quelque trace derrière elle. Certains, naïfs ou timorés, à force d'entendre accuser la Chambre, pourraient croire en effet que celle-ci a donné prise à la critique par des actes imprudents. Il est donc nécessaire que, dans l'intérêt de la vérité, on expose en quelques lignes, clairement, simplement, sans passion, le rôle qu'a joué cette Chambre, sa conduite dans les moments difficiles et les vraies tendances dont elle a donné la marque dans ses actes.

Pour ce faire, nous allons discuter les trois griefs dont nous avons parlé en commençant.

II

La majorité de la Chambre des députés, a-t-on dit, n'a pu se mettre d'accord avec aucun des ministères républicains.

Il y a eu deux ministères républicains, le premier, présidé par M. Dufaure et le second, présidé par M. Jules Simon.

Quel est celui de ces deux cabinets dont la Chambre aurait pu occasionner la chute par suite d'un désaccord sérieux avec lui ? — Aucun. Sans doute, dans quelques questions de détail, dans la discussion du budget de 1877, on a pu constater des divergences entre l'opinion du ministère Dufaure et celle de la majorité de la Chambre. Mais aucune de ces dissidences n'a été assez importante, assez grave, pour que les ministres aient pu juger qu'ils avaient perdu la confiance de la majorité.

Bien mieux, dans maintes circonstances, cette majorité a refoulé ses légitimes aspirations pour ne pas ébranler le ministère. Il nous suffira de rappeler une des plus importantes de ces circonstances pour prouver la vérité de notre assertion.

Quelle fut la conduite de la majorité dans la discussion de la loi municipale ? Qu'on se reporte aux fameuses séances des 11 et 12 juillet 1876, et l'on verra que malgré les efforts de puissants orateurs, la majorité de la Chambre fit violence à ses désirs et accorda au ministère, lui prouvant ainsi sa bonne volonté, ce qu'il lui demandait comme au nom du pouvoir exécutif, soit pour l'ajournement de la loi municipale complète, soit pour la nomination des maires des chefs-lieux de canton et d'arrondissement.

Est-ce ainsi que se conduit une Chambre qui n'est pas décidée à vivre en bonne harmonie avec le pouvoir exécutif et ses conseillers ?

Mais là où les dissentiments auraient pu éclater avec une certaine force, ç'aurait été dans les questions touchant au personnel administratif, que la majorité considérait avec raison comme n'étant point composé suivant l'esprit républicain victorieux dans les élections législatives. Eh bien ! là encore, la majorité de la Chambre a su refouler ses justes prétentions parce qu'elle connaissait les difficultés dans lesquelles se débattait le ministère, difficultés qui n'ont jamais paru plus vraies, plus certaines qu'après le 16 mai.

Cependant, au commencement du mois de décembre 1876, le ministère Dufaure est tombé.

Est-ce la Chambre des députés qui l'a renversé ?

Non.

Le ministère Dufaure est tombé ensuite du vote sénatorial par lequel, dans sa séance du 1er décembre 1876, la Chambre haute a repoussé, par 148 voix contre 134, la proposition de loi ayant pour objet de mettre fin aux poursuites pour faits relatifs à l'insurrection de la Commune, proposition adoptée par la Chambre des députés et appuyée par le gouvernement.

Le ministère Dufaure est tombé pour cause de dissentiment avec le Sénat, mais non point avec la Chambre des députés. Et il n'est pas inutile de rappeler que préalablement déjà, à propos du projet de loi relatif à la collation des grades dans les universités libres, projet présenté par le gouvernement et adopté par la Chambre des députés, le Sénat avait fait échec au même ministère.

Est venu ensuite le ministère présidé par M. Jules Simon, le deuxième et dernier ministère républicain. Pour celui-là comme pour le premier, nous demandons quels ont été les votes de défiance émis à son encontre par la majorité : des désaccords de peu d'importance, inévitables sous un régime parlementaire, oui ; mais des conflits suprêmes qui exigent une séparation, non !

Il y a plus. La majorité de la Chambre, pour soutenir le ministère Jules Simon, pour le conserver, pour lui prouver qu'il avait sa pleine confiance, a fait le plus grand sacrifice qu'une Chambre puisse consentir; lors du vote définitif du budget de 1877, elle a abandonné le droit qu'elle pensait lui être légitimement acquis d'arrêter en dernier ressort les chiffres du budget des dépenses.

Et cela pour ne pas créer de conflit entre elle et le Sénat, qui pensait avoir le même droit que la Chambre, et dont les ministres semblaient partager l'opinion.

Elever le conflit entre les deux Assemblées, c'était sûrement renverser le ministère. — La majorité de la Chambre des députés ne l'a pas voulu !

N'est-ce pas là une preuve irréfragable, non-seulement d'une grande modération, mais encore d'une volonté fermement arrêtée de soutenir et de conserver le ministère ?

Et depuis lors, quel dissentiment sérieux, quel conflit sont survenus entre la majorité de la Chambre et le ministère Jules Simon ? — Aucun.

La minorité seule, composée des représentants des partis monarchiques, de ceux-là mêmes qui accusent aujourd'hui la Chambre, la minorité seule a fait échec et souvent avec une passion, avec une fureur inconnues jusqu'ici dans les Assemblées françaises, au dernier ministère républicain qui est tombé on sait comment, inopinément, jouissant de toute la confiance des représentants républicains.

Il est donc injuste et mensonger de dire que les ministères qui ont occupé le pouvoir jusqu'au 16 mai, n'ont pu se mettre d'accord avec la majorité républicaine de la Chambre.

Cette majorité a au contraire fait tous les sacrifices, accepté toutes les transactions possibles pour les conserver et vivre avec eux en communauté de sentiments et de volonté.

III

On n'a pas craint d'affirmer, en second lieu, que la majorité de la Chambre des députés, qui arrivait après avoir promis d'opérer un grand nombre de réformes politiques, administratives et judiciaires, n'avait rien fait d'utile.

Pour démentir une pareille allégation, il nous suffirait de lui opposer cet autre reproche adressé à la Chambre par les mêmes hommes qui l'accusent d'incapacité, à savoir qu'elle a trop voulu faire et qu'elle a menacé de bouleverser l'ordre social! Le simple énoncé de la contradiction flagrante existant entre les deux assertions sortant des mêmes bouches, serait la démonstration la plus éclatante de l'inanité des arguments dont on s'est servi pour motiver auprès du pays la dissolution de l'Assemblée des représentants directs de la nation.

Mais il y a mieux à faire. Il faut que le corps électoral soit parfaitement éclairé et qu'il n'ait aucun doute sur les travaux et les bonnes dispositions de ses mandataires. Pour cela, il suffit de citer quelques faits.

Nous rappellerons tout d'abord la longue et minutieuse vérification des pouvoirs par laquelle la Chambre a dû commencer ses travaux. Cette œuvre d'épuration, quoi qu'en aient dit les coalisés des partis monarchiques, a été une œuvre de haute morale politique.

Le gouvernement du 24 mai avait tenté de faire revivre la candidature officielle, contre laquelle — étrange contradiction! — les hommes mêmes de ce gouvernement s'étaient naguère élevés avec énergie.

Il fallait conspuer hautement ce système électoral inqualifiable qui consiste à imposer par la menace et par la force des candidats au suffrage universel ! Le pays, révolté dans son honnêteté, exigeait que justice entière fût faite : la Chambre a obéi aux volontés légitimes du pays.

Et aujourd'hui on peut dire que de sa conduite en cette circonstance sera sorti un utile et opportun enseignement pour un prochain avenir.

Dans l'année 1876, il y a eu deux sessions; la première ouverte le 8 mars et close le 12 août; la seconde, ouverte le 30 octobre et close le 30 décembre.

Durant la première session, cent soixante-deux propositions émanant de l'initiative parlementaire ont été déposées; treize ont été adoptées, dix-neuf ont été rejetées, et trente-deux n'ont pas été l'objet d'une décision définitive; les autres sont restées à l'étude ou ont été ajournées. Le gouvernement a présenté cent quarante-cinq projets de loi, dont quatre-vingt-deux ont été adoptés, un a été rejeté et soixante-deux n'ont pu être soumis au vote de la Chambre durant la session. Quatre-vingt-dix-sept commissions ont été nommées, dont trois chargées de procéder à des enquêtes électorales. Sur cinq cent trente-neuf pétitions adressées à la Chambre, les commissions en ont renvoyé soixante aux ministres, deux au bureau des renseignements, deux cent dix-huit à des commissions spéciales; elles en ont écarté cent six par l'ordre du jour; les autres n'ont pu être l'objet d'une décision.

Pendant la seconde session, consacrée en majeure partie à la discussion du budget, quarante propositions ont été déposées par des représentants; cinquante-deux nouveaux projets de loi ont été soumis à la Chambre par le gouvernement, dont trente-neuf ont été adoptés, un a été rejeté et trois ont été retirés. Sur cent soixante-quatre pétitions, dix ont été renvoyées aux ministres et trente-trois à des commissions spéciales; cinquante ont été écartées par l'ordre du jour. Enfin, dix-huit commissions nouvelles ont été nommées.

Il ne nous est pas possible de donner la statistique correspondante exacte pour la session de 1877, si subitement interrompue, par le motif que ce travail n'a pas encore été fait, ou du moins n'a pas été communiqué aux députés. Cependant, nous pouvons reproduire les chiffres qui suivent. Au 1ᵉʳ mai 1877, vingt-trois projets ou propositions de loi étaient à l'état de rapport définitif, et quatorze à l'état de rapport sommaire. Il y avait, à cette date, soixante-onze commissions spéciales chargées de l'examen de projets et de propositions de loi ; les commissions d'initiative parlementaire étaient saisies de cinquante propositions, et les commissions d'intérêt local de quatorze projets.

Faut-il citer pour exemple quelques-unes des propositions de loi déposées par des députés de la majorité républicaine ? — Nous choisissons parmi les plus importantes :

Administration générale. — Propositions : de M. Waddington et plusieurs de ses collègues, pour organiser l'assistance médicale dans les campagnes;

De M. Vernhes, et une autre de MM. Guyot, Marion, etc., tendant à supprimer ou à modifier l'exercice de l'impôt sur les boissons ;

De M. Maigne et autres députés, et celles de

MM. Bardoux, Louis Legrand, Barodet, etc., relatives au droit de réunion et d'association ;

De plusieurs députés, pour la nomination d'une commission de 22 membres chargée de proposer les réformes nécessaires au régime fiscal de la France ;

De M. Cochery et plusieurs députés demandant la nomination d'une commission de 22 membres chargée d'étudier le régime général des chemins de fer et autres voies ;

De M. Boysset et autres pour faciliter aux départements l'exécution des chemins de fer d'intérêt local ;

De M. Plessier, tendant à faire nommer les commissions des hospices et des bureaux de bienfaisance par les Conseils municipaux ;

De MM. Escanyé, Massot et Rougé, tendant à transformer la prestation en nature en un impôt pécuniaire et proportionnel ;

De MM. Versigny, Bamberger, etc., tendant à transformer : 1° la contribution foncière sur les propriétés bâties ; 2° les contributions personnelle et mobilière ; 3° la contribution sur les portes et fenêtres, d'impôts de répartition en impôts de quotité ;

De M. Guichard, pour changer les bases de la contribution mobilière ;

De MM. Wilson, Pascal Duprat, etc., tendant à modifier la loi du 27 juillet 1870 concernant les grands travaux publics ;

De M. Parent pour réformer la législation sur l'enregistrement ;

De M. Marcel Barthe, tendant à réunir les services de l'assiette et du recouvrement des contributions directes;

De MM. Sansas et Mention, pour modifier la loi sur les débits de boissons et la rendre plus libérale;

De M. Chevandier, sur le reboisement des montagnes, proposition qui s'est combinée avec celle présentée par le gouvernement;

De plusieurs députés, tendant à l'abaissement des taxes postales et télégraphiques;

De M. Wilson, pour l'abolition du monopole des allumettes chimiques.

Instruction publique. — Propositions: de MM. Barni, Dréo et Leblond, pour une nouvelle organisation de l'instruction primaire;

De M. Marion, pour obtenir l'instruction primaire gratuite et obligatoire;

De M. Barodet, sur le même objet;

De M. Sée, relative à la construction des maisons d'école;

De M. Lelièvre, pour élever le traitement des institutrices des communes ayant une population au-dessous de 500 habitants;

De M. Beaussire, relative à la retraite des fonctionnaires de l'instruction publique;

De M. Bert, fixant le minimum de la pension de retraite des instituteurs à 600 fr., et celui des institutrices à 500 fr.;

De M. Loustalot, pour assurer la régularité du paiement des instituteurs.

Commerce et Agriculture. — Propositions: de M. Lecesne, sur le régime de la marine marchande;

De MM. Boysset et Ménier, sur l'élection des juges de tribunaux de commerce ;

De M. Lockroy et autres députés, pour l'organisation et le fonctionnement des Chambres syndicales, patronales et ouvrières ;

De M. Pascal Duprat, tendant à faire une enquête sur les emprunts étrangers ;

De M. Ladoucette, pour la nomination d'une commission chargée de préparer un code rural ;

De M. Destremx, relative aux départements atteints par le phylloxera ;

De MM. Hermary, Brasme, Louis Legrand, etc., tendant à dégrever les sucres employés au sucrage des vendanges ;

De plusieurs députés, pour modifier la loi sur les bouilleurs de crû, si onéreuse aux pays vinicoles.

Justice. — Propositions : de M. Boysset, pour le remaniement de la loi sur le jury ;

De MM. Constans, Drumel, etc., sur le même objet ;

De MM. Lisbonne et autres, pour la révision et la codification des lois sur la presse ;

De M. Labitte, pour la codification successive des lois ;

De MM. Versigny, Noirot, etc., pour instituer des assises correctionnelles ;

De MM. Boysset, Constans, etc., relative à l'organisation du jury en matière criminelle ;

De M. Parent, ayant pour objet de modifier l'art. 360 du code d'instruction criminelle ;

De MM. Lecesne et Allègre, sur l'hypothèque maritime ;

De M. Lecesne, pour modifier plusieurs articles du Livre II du code de commerce;

De M. Houyvet, tendant à l'abrogation des art. 67, 68, 69, 70 du code de commerce.

Armée. — Propositions : de M. Gambetta, en faveur des sous-officiers;

De M. Laisant, sur le même objet ;

De M. Laisant et un grand nombre de députés, pour réduire le service militaire à trois ans ;

De M. le général de Chanal, tendant à modifier la loi du 24 juillet 1873 (art. 17), sur l'organisation de l'armée;

De M. Rattier, pour modifier la loi sur le recrutement de l'armée (dispenses du service);

De M. Paul Bert, sur le même objet;

De M. Proust, au sujet des pensions de retraite des officiers, etc., etc.

Une notable partie de ces propositions a fait l'objet des délibérations de la Chambre; mais plusieurs sont restées à l'étude dans les commissions ou ont été ajournées pour le motif que nous allons dire.

Ce simple exposé ne répond-il pas au reproche adressé à la majorité, d'avoir beaucoup promis et d'avoir peu tenu ?

Oui, les députés républicains ont rempli leurs engagements. Leurs propositions de loi ont porté sur toutes les branches de l'administration publique, et ont eu pour but les réformes que l'opinion réclame hautement en France; nous en avons pour preuves non-seulement les propositions déposées, mais encore et surtout la discussion du budget de 1877, discussion si approfondie, si bien préparée par la commission et sur laquelle nous reviendrons tout à l'heure. Et cela, les députés républicains l'ont fait sans s'écarter de la plus grande modération, tenant compte de la résistance inévitable que devaient leur opposer les partis que le progrès effraye : ils ont dû faire plus ; eu égard à cette résistance, ils ont retardé la discussion des projets les plus importants déposés par eux, ils ont ajourné beaucoup de leurs espérances légitimes, et c'est précisément cet ajournement sage et patriotique qui leur a valu, de la part de leurs adversaires, le reproche de n'avoir pas tenu leurs promesses!

Ce reproche, disons le mot, n'est pas loyal ; car enfin, bien qu'elle représentât la plus forte partie du corps électoral français, bien qu'elle fût l'expression la plus puissante et la plus directe des volontés de la nation, la majorité républicaine de la Chambre, dans le jeu des pouvoirs de l'Etat, n'était après tout qu'une minorité. On ne doit pas oublier que dans les tentatives qu'elle a faites pour remplir son programme, elle s'est souvent heurtée aux résistances et du pouvoir exécutif et du Sénat?

Aller plus loin, c'eût été faire des efforts inutiles et troubler sans profit un accord que la majorité n'a cessé de vouloir maintenir entre les pouvoirs souverains.

Nos adversaires n'ignorent point cela, et ils sont mal venus à reprocher aujourd'hui à la Chambre de n'avoir pas fait ce qu'ils n'auraient pas manqué de l'empêcher de faire.

IV

On a prétendu enfin que la majorité républicaine était entrée dans une voie aboutissant au triomphe du *radicalisme*.

Nous allons prouver que ce reproche n'est pas plus fondé que les précédents.

Par *radicalisme*, il faut entendre le système d'après lequel on changerait brusquement, du premier jour, la plupart des bases de l'ordre social actuel. Or, nous le demandons à tous les hommes sincères, quand la Chambre a-t-elle laissé voir qu'elle avait formé le dessein de tenter l'emploi d'un pareil système ?

Quelques propositions de loi ont été présentées qui avaient ce caractère de *radicalisme* dont il est question. La majorité les a-t-elle approuvées ? Non. Bien au contraire, elle n'a même pas voulu discuter plusieurs d'entre elles, refusant de les prendre en considération ; elle a repoussé les autres ; c'est ainsi qu'elle a rejeté les propositions relatives à l'abrogation de toutes les lois sur la presse, à la suppression du budget des cultes, à l'amnistie pleine et entière pour les faits relatifs à la Commune, etc.

Mais là où cette majorité prétendue radicale s'est montrée le plus modérée, ç'a été dans la discussion du budget de 1877. On avouera qu'elle aurait pu trouver, dans cette discussion, maintes occasions de faire preuve de cet esprit de radicalisme dont on l'accuse, si elle en avait été pénétrée.

Eh bien ! là, plus que partout ailleurs peut-être, elle ne s'est pas départie de la ligne de conduite toute modérée qu'elle avait adoptée dès le premier jour, et à laquelle n'a pas cessé de rester fidèle la commission du budget. Car il faut le répéter après M. Jules Ferry, « c'est l'honneur de la commission du budget de ne s'être nullement attachée à des réformes hâtives, à des études stériles, et d'avoir préféré dégrever sagement, progressivement, dans la mesure du possible, les plus mauvais impôts, ceux qui pèsent sur la consommation du pauvre. Elle a agi comme une commission sage, inspirée du véritable esprit de la majorité. »

En résumé, qu'a fait cette majorité ? — Elle s'est bornée à restreindre ou retrancher certains crédits, et dans quel but ? Pour diminuer les plus mauvais impôts et pour doter plus généreusement l'instruction publique! C'est ainsi qu'elle a augmenté de 1,426,200 fr. le crédit des universités de l'Etat; de 635,000 fr. les allocations aux lycées et colléges communaux; de 3,860,000 francs, le budget de l'instruction primaire, dont 3,000,000 fr. **destinés à venir en aide aux communes pour constructions et réparations des maisons d'écoles.**

Ah ! si c'est là faire montre de tendances *radicales*, il faut désespérer de conserver aux mots leur vraie signification et aux idées leur véritable portée.

Oui, ce sera une des plus grandes gloires de cette Assemblée calomniée que d'avoir consacré aux divers services de l'instruction publique la plus forte part des ressources nationales que jamais Assemblée française ait attribuée à ces services! Cette œuvre patriotique répondait si bien à l'attente du pays, qu'aucune objection n'y a été faite même par les hommes qui tiennent en médiocre estime l'instruction largement répandue.

Ici vient se placer une réponse péremptoire à une autre accusation dirigée contre la Chambre, accusation qu'on ne manquera pas de reprendre pendant la prochaine période électorale. Tout en reprochant à la majorité républicaine de s'être montrée *radicale*, on a ajouté qu'elle avait affiché des principes anti-religieux : il fallait bien épuiser tous les arguments, quel que fût leur peu de solidité, pour essayer d'accréditer cette croyance que la société avait été menacée dans ses bases essentielles, aussi bien dans la religion que dans la propriété et la famille. Et à ces fins qu'a-t-on imaginé ? On a pris pour prétexte les délibérations législatives ayant eu pour objet les menées de l'ultramontanisme. On a eu soin de taire, pour égarer les simples, la distinction que la majorité de la Chambre a toujours maintenue entre la *religion* proprement dite et le *cléricalisme*, soit l'*ultramontanisme*.

L'ordre du jour du 4 mai 1877, cet ordre du jour accepté par le ministère — ce qui nous a valu l'acte du 16 mai — a dénoncé les menées d'un parti politique qui se couvre du manteau de la religion, menées compromettantes pour la paix extérieure ; compromettantes à ce point, que le gouvernement du maréchal — puisque c'est ainsi qu'on l'appelle — a dû lui-même déclarer publiquement et à plusieurs reprises qu'il les réprimerait si elles se produisaient.

On a pris texte de cet acte de prudence, de sagesse et de patriotisme de la majorité pour crier au radicalisme doublé d'irréligion.

Heureusement que sur ce point comme sur les autres, le change n'est pas facile à donner. Il n'est pas un citoyen de la moindre des communes de France qui ne connaisse aujourd'hui la différence qu'il y a entre le *cléricalisme* ou l'*ultramontanisme* et la *religion* proprement dite ; il n'est pas un citoyen français qui ne comprenne que le triomphe de l'ultramontanisme serait le précurseur d'une guerre avec l'Italie soutenue par l'Allemagne ; et pour ce qui concerne l'accusation portée contre la Chambre, d'un coup elle est annihilée par la simple production du budget des cultes.

Comment, on a osé et on osera encore affirmer que la majorité républicaine s'est montrée l'ennemie de la religion et irrespectueuse envers la liberté de conscience, lorsqu'elle a voté un budget des cultes s'élevant à la somme de 53 millions et demi ! Tandis que le budget de l'agriculture et du commerce ne s'élève qu'à 19 millions et demi, et celui de l'instruction publique à 49 millions !

Veut-on des chiffres se rapportant à divers chapitres de ce budget des cultes ? En voici :

Cardinaux, archevêques, évêques	Fr. 1,640,000
Clergé, Chapîtres	» 39,864,045
Avec une *augmentation de* 200,000 *fr.* sur les budgets précédents.	
Bourses des séminaires . . .	» 1,032,200
Pensions et secours	» 887,000

Secours à divers établissements
religieux . . . . Fr. 105,000
Service intérieur des édifices
diocésains . . . . » 611,200
Entretien des mêmes . . . » 800,000
Acquisitions, constructions, etc. » 2,000,000
Crédits pour diverses cathé-
drales . . . . » 1,080,000
Secours pour églises et presby-
tères . . . . » 3,150,000

Ces derniers pour venir en aide aux communes.

Voilà en partie les sommes votées pour le culte par cette Chambre prétendue irréligieuse et radicale!

Mais on a porté la calomnie plus loin encore.

Une publication semi-officielle, sortant des bureaux du ministère de l'intérieur et intitulée le *Bulletin des communes*, a poussé l'audace jusqu'à dire que la majorité républicaine avait cherché à désorganiser l'armée !.

Dans une pareille accusation, l'absurdité se joint à la calomnie.

La Chambre a cherché à désorganiser l'armée? — Où, quand et comment ?

La Chambre n'a refusé aucun des crédits qui lui ont été demandés pour la réorganisation de l'armée, pour les approvisionnements des arsenaux, pour la fortification des frontières, pour la marine nationale.

Les députés républicains ont affirmé sans cesse leur intention ferme et inébranlable de maintenir la paix entre le pays et les nations étrangères ; mais précisément pour assurer cette paix et mettre la France à l'abri d'un coup de main, ils n'ont pas hésité à accorder au gouvernement les ressources qui lui étaient nécessaires pour assurer la défense du territoire, améliorer la situation du soldat, réorganiser l'administration de l'armée et rétablir un matériel presque complétement anéanti à la suite des fautes, de l'incurie et de l'incapacité des hommes qui nous ont attiré les désastres de 1870-71.

Le dernier acte des députés républicains avant de se séparer, le 25 juin, a été de voter plus de 200 millions pour mettre le pays en état de défense contre l'étranger, et assurer ainsi une paix si chère à chaque citoyen français!

Voilà comment la majorité républicaine de la Chambre des députés a cherché à désorganiser l'armée!

Calomnie ! Calomnie !

Et maintenant, contempteurs de l'Assemblée républicaine, nous vous mettons au défi de citer un seul fait sérieusement établi, un seul vote de cette Assemblée qui aient été de sa part une menace contre les assises de la société moderne: contre la propriété, la famille, les croyances religieuses et la morale. Compterez-vous comme actes anti-sociaux les votes par lesquels elle a fait nommer les maires des communes rurales par les conseils municipaux, amélioré le sort des instituteurs et des institutrices, augmenté les appointements des facteurs ruraux et des curés pauvres, diminué de deux décimes et demi le prix du sel, organisé l'exposition de 1878 dont l'initiative appartient aux ministres républicains, etc. ?

Non, sans doute. Alors cherchez, fouillez dans les annales parlementaires du 8 mars 1876 au 25 juin 1877 ; citez des faits précis, mais cessez

de torturer la logique et le bon sens pour essayer
de prouver ce qui n'est pas prouvable, à savoir
que la majorité républicaine, issue du vote du 20
février 1876, a pu menacer un seul instant l'ordre social établi.

V

Cette majorité sage, modérée et honnête, pro-
fondément honnête, était pénétrée de la valeur
des efforts qu'elle avait faits pour ne pas troubler
l'harmonie des pouvoirs publics entre eux, pour
maintenir un équilibre qu'une imprudence aurait
risqué de compromettre; elle avait le droit d'esti-
mer haut le prix des sacrifices qu'elle avait con-
sentis, des concessions qu'elle avait faites pour
atteindre le but qu'elle s'était proposé, c'est-à-
dire pour répondre à l'attente du pays en assurant le fonctionnement régulier du gouvernement
républicain établi par la Constitution du 25
février 1875, en assurant la paix à l'intérieur et
à l'extérieur.

Aussi comment ne pas comprendre qu'elle ait
été douloureusement étonnée en se voyant jeter à
la face, d'une manière si inattendue, les reproches
et les accusations que nous venons de réfuter!

Comment oser soutenir qu'elle aurait pu rester
sous le coup de ces accusations sans y répondre,
sans porter à la tribune d'énergiques protesta-
tions, pour faire la part des responsabilités et
sauvegarder sa dignité au nom du pays qu'elle
représentait ?

Mais elle a dû faire plus encore: elle a refusé

de voter le budget de 1878, aussi bien les quatre contributions directes que les autres chapitres des recettes; le ministère du 16 mai ne pouvait avoir sa confiance; ce ministère avait déclaré que la défiance entre lui et la Chambre était réciproque — l'un n'avait donc plus rien à accorder à l'autre.

Il s'est trouvé des ministres, il s'est trouvé des gens dans les partis monarchiques qui n'ont pas craint de qualifier brutalement cette conduite ferme et patriotique de la majorité républicaine. — Le pays les jugera.

Ah ! sans contredit, ç'a été un moment cruel pour les adversaires de la République, que celui où les Gambetta, les Jules Ferry, les Bethmont, les Léon Renault, les Louis Blanc, organes de tous les groupes républicains, sont venus, par des paroles éloquentes qui ont retenti dans la France entière, dans le monde entier, venger la majorité des reproches qui lui étaient adressés. Ces grands débats ont été tout à l'honneur des républicains qui, d'accusés qu'ils étaient, sont devenus des accusateurs, sans qu'aucun des membres de la coalition hybride trigénère formant la minorité, ait osé se mesurer avec les puissants lutteurs de la gauche ; car on ne peut compter comme élans d'éloquence les provocations violentes, les injures et les insultes dont certains membres de la minorité ont accablé les orateurs républicains les plus modérés; de parcilles violences ne sont que les armes vulgaires des champions des mauvaises causes.

Oui, le pays a pu juger de quel côté se sont trouvés la vérité, le droit, la dignité.

Le pays a pu assister à ce spectacle saisissant. d'un groupe imposant de **363** députés républicains, unis dans une même idée, depuis le plus avancé jusqu'au plus modéré, se levant pour acclamer leur principe et protester contre les attaques dont ils avaient été l'objet.

Le pays a pu distinguer dans les rangs serrés de ces défenseurs du droit, tous les hommes politiques libéraux qui font la gloire de la France, et au milieu desquels est venu se placer M. Thiers, l'illustre et vénéré patriote, le libérateur du territoire national.

Le pays a vu aussi avec satisfaction se joindre à ses députés républicains cet autre groupe important de **130** sénateurs, parmi lesquels les plus illustres vétérans de la politique libérale; le pays a entendu retentir jusqu'en ses moindres recoins les paroles de protestation des Victor Hugo, des Jules Simon, des Bérenger, des Berthault, des Laboulaye : et il a compris parfaitement toute la portée de la lutte engagée, dans laquelle la société issue de 1789 est aux prises avec l'esprit du passé.

Le pays a assisté anxieux mais confiant dans l'avenir, à tous les événements inattendus, précipités qui se sont produits, et aux luttes parlementaires qui en sont résultées. Et lorsqu'il a appris la séparation de ses représentants républicains unis dans un sentiment commun de patriotisme et d'énergique résolution, aux cris de :

VIVE LA PAIX ! VIVE LA RÉPUBLIQUE !

il a senti grandir ses espérances dans une heureuse solution de la crise.

Cette solution ne saurait se faire attendre long-temps, et sans crainte de se tromper, on peut affirmer qu'elle sera conforme à l'esprit des graves et solennelles paroles prononcées par l'honnête et sincère républicain qui présidait la Chambre, M. Jules Grévy.

Avant de lire le décret de dissolution, le 25 juin, cet homme politique, dont personne n'a jamais osé soupçonner la sincérité ni contester la modération, a dit en parlant de la Chambre :

Le pays devant lequel elle va retourner lui dira bientôt que, dans sa trop courte carrière, elle n'a pas cessé un seul jour de bien mériter de la France et de la République !

La France ratifiera ce jugement.